500 Affirmations Pour la Richesse et la Réussite

Tome 2

Jos Brady

Copyright © 2020, Jos Brady. Tous droits réservés.

ISBN : 9798631789029

Dans la série « 500 affirmations »

- 500 Affirmations pour la Richesse et la Réussite Tome 1
- 500 Affirmations pour la Richesse et la Réussite Tome 2
- 500 Affirmations pour l'Amour et les Relations Tome 1
- 500 Affirmations pour l'Amour et les Relations Tome 2

Introduction

Affirmer, c'est déclarer un état de fait comme étant **déjà présent** dans sa vie.

Par exemple, déclarer **"Je suis riche"** est une affirmation.

De même, déclarer **"Je n'ai jamais un sou en poche"** est aussi une affirmation.

Pour votre subconscient, ces deux déclarations sont tout aussi vraies l'une que l'autre. Toutefois, les résultats que vous en retirerez dans votre vie seront très différents.

Répéter continuellement une affirmation, qu'elle soit positive ou négative, engendre des émotions, des sentiments et finit par se cristalliser en une croyance. Cette croyance est comme une graine plantée dans votre subconscient qui finit par attirer dans votre vie ce qui lui correspond. Si vous voulez récolter des roses, allez-vous planter des chardons ?

Si vous vous exprimez de manière négative, vous attirerez des situations négatives dans votre vie. Heureusement, l'inverse est tout aussi vrai. En vous focalisant sur le positif et en l'affirmant, vous attirerez des situations positives.

Nous sommes hélas, pour la plupart d'entre nous, "programmés" pour parler et penser de manière négative via les médias, l'éducation, le discours de nos parents et beaucoup d'autres choses.

Par conséquent, nous répétons et croyons ces discours négatifs et en expérimentons les résultats tout au long de notre vie, à moins que nous ne changions volontairement ces discours.

Quelles sont vos idées sur l'argent et la réussite ? Quel est votre discours dominant ?

Si vous avez un discours négatif, vous ne ferez que répéter encore et encore le même scénario et vous serez confrontés aux mêmes difficultés.

Pour briser ce cercle infernal, vous devez abandonner ce discours négatif et le remplacer par un discours positif, intérieur et extérieur.

Les affirmations sont un excellent moyen d'y parvenir. En effet, des affirmations claires, courtes et précises sont un excellent moyen pour commencer à contrôler vos pensées et à changer votre vie pour le meilleur.

Il peut être difficile au départ de maintenir des pensées positives et de surveiller vos pensées tout au long de la journée. Ne vous inquiétez pas. Au fil des jours, les pensées négatives se feront de plus en plus rares pour finir par disparaitre.

Prenez bien garde à ne pas contrecarrer par vos paroles, par exemple en parlant avec un ami, ce que vous affirmez lorsque vous êtes seul.

Comment utiliser les affirmations

Les affirmations qui suivent sont des exemples que vous pouvez utiliser tel quels. Toutefois, si vous le souhaitez, vous pouvez les modifier ou écrire les vôtres.

Pour cela, gardez quelques points en tête :

- Les affirmations doivent être écrite de façon positive car le subconscient ne tient pas compte de la négation. Par exemple, ne dites pas **"Je n'ai plus de problème d'argent"** mais **"J'ai tout l'argent nécessaire pour faire tout ce que je veux"**.

- Les affirmations doivent être écrites au présent. Plutôt que de dire **"J'aurais bientôt 5000 euros de plus sur mon compte"**, dites **"J'ai 5000 euros de plus sur mon compte maintenant"**.

- Les affirmations doivent être rédigées comme étant déjà réalisées. Par exemple, si vous souhaitez déménager, ne dites pas **"Je veux une nouvelle demeure qui me correspondent"** car votre subconscient vous prend au mot et vous continuerez à le vouloir longtemps ! Dites plutôt **"Je vis dans une superbe demeure en bord de mer où je m'épanouis"**. A ce propos, si avez une vision claire de ce que vous voulez, dites-le. **"J'ai plus d'argent"** est bien mais **"Je gagne 5000 euros par mois"** est plus précis.

- Dites ou rédigez vos affirmations à la première personne, en commençant par "Je" ou "Je suis". Vous pouvez également mentionner votre prénom : **"Moi, Martin, me réjouit d'être millionnaire"**.

Quand vous avez choisi (ou créé) vos affirmations, procédez ainsi :

- Dès le réveil et juste avant de dormir, répétez-les, si possible à haute voix, durant quelques minutes.

- Essayez de ressentir ce que vous éprouveriez si ce que vous dites était déjà réalisé.

- Faites suivre vos affirmations d'une courte visualisation. Par exemple, **imaginez-vous évoluant dans votre luxueuse nouvelle demeure**.

- Choisissez entre 1 et 10 affirmations. Vous pouvez en changer d'une séance à l'autre.

- Durant la journée, répétez-les aussi souvent que possible.

- Quand une pensée négative survient, annulez-la par une affirmation positive.

- Vous pouvez les noter sur un papier que vous emporterez avec vous et que vous relirez régulièrement.

- Vous pouvez écrire vos affirmations plusieurs fois par jour afin de les renforcer.

N'oubliez pas que tout est énergie et vibration. Plus vous nourrissez vos affirmations, plus elles s'imprègnent dans votre subconscient et plus vite vous recevez ce que vous attendez.

La répétition, la foi et le calme sont la clé. Répétez-les des dizaines, des centaines de fois et restez confiant dans le fait que l'univers répondra conformément à la requête que vous lui avez envoyée.

Vous êtes à l'aube d'une nouvelle vie. Faites votre part et l'univers ne manquera pas de faire la sienne !

Note sur les affirmations

Les 500 affirmations qui suivent ont été conçues de façon à être utiles à chacun. Nous ne sommes pas tous sensibles aux mêmes choses.

Certaines affirmations semblent très proches mais leur fréquence vibratoire est légèrement différente.

- Certaines sont très courtes, d'autres plus longues.
- Certaines font appel à la raison, d'autres davantage au sentiment, d'autres encore à des images.
- Certaines d'entre elles font référence à l'Univers, au Créateur ou à Dieu.
- Les affirmations sont indifféremment rédigées au masculin ou au féminin, parfois les deux. N'hésitez pas à les adapter.

Utilisez celles qui vous parlent le plus et n'hésitez pas à en changer quand bon vous semble.

L'important est de toujours garder la vibration de la richesse et du succès en vous. Soyez persévérant et les résultats ne tarderont pas à se matérialiser.

500 Affirmations

Pour la Richesse et la Réussite

1. Ma prospérité croissante me permet de voyager partout dans le monde.
2. Il est normal de dépenser de l'argent.
3. Je respire la passion, la détermination et la prospérité.
4. Je suis une personne chanceuse, heureuse, en bonne santé et qui réussit.
5. Je suis un aimant puissant pour l'argent.
6. Je me sens incroyablement riche.
7. Je lâche toutes mes inhibitions à propos de l'argent.
8. L'Abondance m'entoure. Aujourd'hui, je réclame ma part.
9. Je possède plusieurs entreprises qui réussissent.
10. J'attire l'argent dans ma vie au quotidien.
11. Je possède un esprit de richesse et d'abondance.
12. La gestion de mon entreprise me remplit d'enthousiasme chaque jour.
13. Mon compte bancaire grossit chaque jour.
14. Je crois que tout le monde peut être riche, y compris moi.
15. Ma prospérité est sans limites !

16. Ma vie s'écoule sans effort et des opportunités se présentent partout à moi.
17. Je peux avoir et créer tout ce que je veux.
18. De nouvelles possibilités d'augmenter mes revenus s'offrent à moi chaque jour.
19. Je possède l'abondance dans tous les domaines de ma vie.
20. Je suis reconnaissant de recevoir _____ € par mois.
21. L'argent coule vers moi aussi facilement que l'air que je respire.
22. L'argent me vient facilement et sans effort.
23. Mes finances reflètent ma capacité à penser positivement à l'argent.
24. Mon travail est profondément satisfaisant.
25. Mes revenus augmentent automatiquement, de plus en plus.
26. Mes employés contribuent à donner à mon entreprise le succès qu'elle mérite.
27. Gagner de l'argent est pour moi un jeu d'enfant.
28. Des idées me viennent maintenant qui me permettront de développer mon entreprise et de la rendre encore plus prospère.
29. J'attire l'argent vers moi en toutes circonstances.

30. Je trouve toujours de nouveaux moyens de gagner de grosses sommes d'argent.
31. J'accepte de bonnes choses dans ma vie.
32. J'aime sentir que j'ai de l'argent en abondance.
33. L'abondance m'entoure et j'en suis reconnaissant.
34. J'accepte toute la joie et la prospérité que la vie a à offrir.
35. Une avalanche d'argent se dirige vers moi en ce moment-même.
36. Je suis riche et puissant.
37. Mon compte en banque ne cesse de s'agrandir.
38. J'ouvre mon esprit à une plus grande prospérité.
39. Je vois la prospérité partout.
40. J'attire dans ma vie de nombreuses circonstances lucratives.
41. La prospérité sous toutes ses formes est attirée vers moi maintenant !
42. Aujourd'hui, j'élargis ma conscience de l'abondance qui m'entoure.
43. L'argent est dans ma vie tout aussi naturel que manger, boire et dormir.
44. Aujourd'hui, j'attire la richesse, l'abondance et le bien-être.
45. Chaque jour, je prends des décisions commerciales judicieuses et rentables.

46. Je possède une richesse de compétences et de talents précieux.
47. Je dirige une entreprise prospère depuis le confort de mon foyer.
48. Je réalise maintenant mon plan pour une vie d'abondance.
49. Chaque jour, ma croyance en la prospérité se renforce.
50. Il y a une abondance d'argent à ma disposition dans ce monde.
51. Je suis ouvert et réceptif à tout le bien et l'abondance dans l'univers. Merci, Père.
52. Une abondance d'argent circule toujours dans ma vie.
53. Je travaille avec enthousiasme à la réalisation de mes objectifs financiers.
54. Mon cœur reconnaissant attire l'abondance comme un aimant.
55. Mon portefeuille et mon solde bancaire débordent d'argent.
56. Je sais qu'il y a suffisamment de prospérité pour tous.
57. Mon enfant intérieur accepte l'argent.
58. Je me permets d'être riche et de réussir.
59. J'attire l'argent maintenant.
60. Plus je contribue au bien-être des autres, plus je gagne d'argent.

61. Je trouve toujours des moyens simples de gagner plus d'argent.
62. Je libère toute résistance à l'argent.
63. Tout l'argent dont j'ai besoin est déjà prêt à me parvenir.
64. J'attire les employés parfaits pour mon entreprise.
65. Je suis à l'aise avec l'argent.
66. Mon estime de moi et ma prospérité augmentent chaque jour.
67. Mon attitude positive m'attire de grosses sommes d'argent.
68. Je respecte mes capacités et je travaille toujours à mon plein potentiel.
69. Tout dans ma vie est un choix. Je choisis d'être riche.
70. Je suis financièrement libre et satisfait.
71. Tous mes comptes bancaires sont remplis à ras bord.
72. Je crois que l'argent est un cadeau du ciel.
73. Je suis en phase avec l'énergie de la prospérité illimitée.
74. Mes actions créent une prospérité constante.
75. Je peux obtenir et j'obtiens plus que je n'aie jamais rêvé.
76. Je puise désormais dans l'abondance des sphères mon approvisionnement immédiat et infini. Toutes les portes sont ouvertes !

77. Je me donne la permission de dépenser de l'argent pour moi-même.
78. Je peux entrer dans un magasin et acheter tout ce que je veux.
79. L'abondance et moi ne faisons qu'un.
80. J'attire la richesse dans ma vie à chaque instant.
81. L'abondance n'est limitée que par mon inconscient.
82. Je me sens riche, je me sens abondant, je me sens vivant.
83. Je suis très doué avec l'argent.
84. Je suis en train d'accumuler de grosses sommes d'argent.
85. La passion que j'ai pour mon travail me permet de créer une réelle valeur.
86. L'argent est une entité spirituelle.
87. Avoir de l'argent me permet de me sentir à l'aise et serein.
88. J'ai le pouvoir d'attirer tout l'argent dont j'ai besoin.
89. Mon entreprise se développe de plus en plus.
90. Je suis très conscient de mon abondance.
91. Tout l'argent que je dépense m'apporte le contentement et la paix de l'esprit.
92. Je peux toujours obtenir tout ce dont j'ai besoin.
93. Je vois l'abondance tout autour de moi.
94. Je me sens riche et je le suis.

95. Je mérite d'avoir plus d'argent qu'il ne m'en faut.
96. Je suis reconnaissant de l'apport illimité de biens dans ma vie.
97. Je dispose d'une abondance de richesses et je l'accepte maintenant.
98. Je voyage dans les plus beaux pays du monde.
99. J'aime la vie et j'accepte mon abondance sans condition.
100. Je choisis d'accepter l'argent dans ma vie.
101. J'ai tout l'argent nécessaire pour mes besoins personnels.
102. Chaque jour, de toutes les façons, je réussis de plus en plus.
103. Je me laisse imprégner par l'abondance financière, et je partage généreusement ma richesse.
104. Je crée une avalanche d'abondance financière dans ma vie.
105. Je crée de la richesse facilement et sans effort.
106. L'enfant qui est en moi mérite d'être riche.
107. J'ai plus qu'assez d'argent.
108. Mes pensées sont toujours centrées sur l'abondance et le bonheur.
109. J'ouvre mon cœur pour recevoir les riches opportunités que je mérite.
110. Tout l'univers me fait prospérer maintenant.

111. J'envoie aux autres des pensées de prospérité.
112. Je vois l'abondance partout et tout le temps.
113. J'accueille mon succès à bras ouverts.
114. J'ai une abondance illimitée.
115. Je mérite l'abondance illimitée de l'univers.
116. L'argent et l'amour peuvent être amis.
117. L'univers me fournit une source inépuisable d'argent.
118. Je gagne des milliers d'euros en revenus passifs chaque nuit pendant mon sommeil.
119. Je reçois de l'argent et des richesses de multiples sources.
120. J'imagine l'abondance pour moi-même et pour les autres et je l'obtiens.
121. Je suis destiné à trouver la prospérité dans tout ce que je fais.
122. Je suis en phase avec l'énergie de la richesse et de l'abondance.
123. Je suis un bon gestionnaire de fonds et je prends chaque jour des décisions financières judicieuses.
124. J'aime l'idée d'avoir l'abondance sans aucun effort.
125. J'ai une réserve inépuisable d'argent liquide.
126. La vie est amusante, facile et débordante d'abondance.
127. L'argent m'arrive par des voies attendues et par des voies inattendues.

128. Je sais que la persévérance est la clé du succès.
129. De grandes opportunités financières se présentent à moi tous les jours.
130. Je suis mon propre patron et j'aime mon travail.
131. J'ai d'excellents avantages dans mon travail.
132. Tout ce dont j'ai besoin pour générer de la richesse est à ma disposition en ce moment-même.
133. J'accepte l'argent de toutes les sources positives.
134. Je suis capable d'exprimer librement mes idées pour gagner de l'argent.
135. J'aime ce qu'il y a de plus élevé et de meilleur chez les gens et j'attire maintenant vers moi les personnes les plus élevées, les meilleures et les plus prospères.
136. L'univers est sûr, abondant et amical.
137. La prospérité est attirée par moi.
138. Je mérite de voir l'abondance financière couler dans ma vie maintenant.
139. Je possède une richesse et une prospérité illimitées.
140. Je vis un rêve éveillé.
141. Il y a énormément de richesses dans ma vie.
142. Je suis capable de gérer mon énorme succès avec aisance.
143. J'ai une confiance totale dans ma capacité à réussir.
144. L'argent coule facilement dans ma vie.

145. L'argent et l'abondance coulent vers moi en un fleuve de prospérité.
146. L'argent vient à moi de manière attendue et inattendue.
147. J'ai toujours plus qu'assez d'argent.
148. Je respecte mon employeur et il me respecte.
149. Je reçois la prospérité simplement en pensant au luxe.
150. Je suis capable de créer des actifs qui me rendent riche.
151. Je ressens l'amour, la joie et l'abondance.
152. Je suis un homme/femme d'affaires intelligent, prospère et avisé.
153. Je gagne plus d'argent que je n'en ai jamais rêvé.
154. Je crée l'entreprise prospère de mes rêves.
155. J'offre un produit/service que les gens veulent et dont ils ont besoin.
156. Les personnes qui réussissent sont attirées par moi.
157. Je mérite la belle vie.
158. J'attire maintenant la prospérité financière.
159. Je sais que le monde est prospère.
160. Je suis riche au-delà de mes rêves les plus fous.
161. Je suis prospère, riche et heureux au-delà de mes rêves les plus fous.
162. J'ai un grand esprit d'entreprise.
163. J'agis chaque jour en vue de ma réussite financière.

164. Je permets à l'Univers de me bénir d'une grande abondance - maintenant !
165. J'ai et j'aurai toujours plus qu'assez de richesse et de prospérité.
166. J'ai plus qu'assez d'argent pour acheter tout ce dont j'ai besoin.
167. Chaque jour, je rends grâce pour toute la richesse de ma vie.
168. J'attire l'argent comme par miracle.
169. La prospérité m'arrive maintenant.
170. La richesse me vient facilement et sans effort, je suis confiant.
171. La prospérité sous toutes ses formes coule dans ma vie.
172. Mes revenus sont en constante augmentation et je prospère partout où je me tourne !
173. J'attire maintenant vers moi les personnes les plus élevées, les meilleures et les plus prospères.
174. Je ne parle que de succès et de prospérité et mes paroles élèvent et inspirent les autres.
175. Je suis de plus en plus attiré par l'argent, et réciproquement.
176. L'argent vient à moi facilement et en toutes circonstances.
177. J'ai déjà tout ce dont j'ai besoin.

178. J'accepte et j'embrasse la richesse dans ma vie.
179. Je revendique mon droit à l'abondance financière.
180. Avoir de l'argent me permet de faire plus de bien dans le monde.
181. Je mène une vie riche et abondante.
182. J'accueille l'argent dans ma vie.
183. L'Univers me fournit constamment de l'argent.
184. Tel un aimant puissant, j'attire tout ce que je désire.
185. Je me sens merveilleusement bien en tant que personne riche.
186. Je contrôle totalement mon abondance financière.
187. L'argent circule librement et abondamment dans ma vie.
188. J'accepte d'avoir facilement une vie abondante.
189. Je possède des richesses qui dépassent mes rêves les plus fous.
190. Ma richesse et mon succès sont inévitables.
191. Ma valeur nette ne cesse d'augmenter, tout comme celle de mon compte bancaire.
192. L'abondance imprègne chaque aspect de ma vie.
193. Attirer l'argent dans ma vie est amusant et excitant.
194. J'attends une abondance somptueuse dans ma vie et mes affaires.
195. J'ai plus qu'assez d'argent pour subvenir aux besoins de ma famille.

196. J'autorise l'abondance entrer dans ma vie.
197. Je suis la source de mon abondance.
198. J'apprécie ma richesse et mon succès.
199. Mon plus grand bien me parvient, maintenant.
200. Mon portefeuille de richesses s'accroît chaque mois.
201. J'ai toujours plus d'argent qui rentre que d'argent qui sort.
202. La prospérité et l'abondance m'entourent.
203. Je crois en moi et en mon entreprise.
204. L'argent vient à moi sans aucun effort de ma part.
205. L'énergie créative circule dans tous les domaines de ma vie et en abondance !
206. Mon esprit constant d'abondance l'attire dans ma vie.
207. Je passe de la pensée de la pauvreté à la pensée de la prospérité et mes finances reflètent ce changement.
208. Je suis le meilleur vendeur de ma société.
209. Je laisse tomber toute résistance à la prospérité, et elle me vient naturellement.
210. Une grande richesse m'arrive maintenant.
211. Mes revenus sont en constante augmentation et j'en rends grâce.
212. Chaque jour, je deviens de plus en plus riche
213. La sécurité financière m'accompagne toujours.
214. J'aime l'argent. L'argent m'aime.

215. Je rêve en grand, j'attends beaucoup et je reçois beaucoup.
216. Je vis ma vie de riche avec joie et sérénité.
217. J'ai une vie en or, j'aime le bien-être.
218. Mes pensées positives sur l'argent se réalisent.
219. L'abondance est en moi et tout autour de moi.
220. Mon revenu annuel est de _____.
221. Je dépense mon argent sans crainte.
222. Être riche me procure joie, bonheur et tranquillité d'esprit.
223. Je suis maintenant sur la voie royale du succès, du bonheur et de l'abondance.
224. Plus j'ai d'argent, plus j'aime en donner.
225. J'apprécie d'avoir de la richesse et de l'abondance dans ma vie.
226. Mes actions créent une richesse, une prospérité et une abondance constantes.
227. Je suis prospère et fier de l'être.
228. Je suis heureux d'avoir de l'argent.
229. J'autorise l'argent à entrer dans ma vie.
230. Mon entreprise fait toujours des bénéfices.
231. Je suis un riche entrepreneur qui vit sa vie selon ses propres conditions.
232. L'argent afflue constamment dans mon entreprise.

233. Mon entreprise gagne de l'argent même pendant mon sommeil.
234. Ma relation à l'argent est magnétique et je l'attire de toutes parts.
235. Je m'aime en tant que personne riche.
236. L'argent est mon serviteur.
237. Je crois que plus d'abondance me vient maintenant et pour toujours.
238. J'aime recevoir de l'argent chaque jour.
239. Je suis une personne positive et les autres aiment faire des affaires avec moi.
240. J'utilise mes talents créatifs pour créer une entreprise prospère.
241. La richesse et l'argent me viennent facilement et sans effort.
242. Tout ce qui est bon me vient facilement et sans effort.
243. J'ai confiance en ma capacité toujours plus grande de créer l'abondance.
244. Tout l'argent que je dépense et gagne m'apporte de la joie.
245. Tout ce que je peux imaginer pour mon entreprise, je peux le réaliser.
246. Je suis ouvert à toutes les sources de revenus que l'univers peut m'offrir.

247. Je crée de l'abondance financière en faisant ce que j'aime.
248. Mes services sont toujours très demandés et je gagne beaucoup d'argent grâce à cela.
249. L'abondance est à moi, maintenant et à jamais.
250. La richesse afflue dans ma vie avec une rapidité qui me surprend moi-même.
251. J'ai des habitudes de millionnaire.
252. La prospérité sous toutes ses formes est attirée vers moi à une vitesse phénoménale !
253. Je mérite d'être un multimillionnaire et je l'accepte maintenant.
254. Tous mes problèmes ont maintenant disparu grâce à ma richesse.
255. Je suis en paix avec le fait de posséder beaucoup d'argent.
256. Je rayonne la richesse, l'abondance et la prospérité.
257. Je suis reconnaissant pour tout ce que je reçois.
258. Je me concentre sur l'obtention de la richesse et du succès.
259. J'ai tout ce dont j'ai besoin pour faire tout ce que je veux.
260. Je m'ouvre au flux d'une plus grande abondance dans tous les domaines de ma vie.
261. Je me réjouis d'une vie remplie de richesses.

262. Je célèbre le fait d'être riche.
263. Ma croyance en l'abondance grandit chaque jour.
264. J'accueille et j'accepte avec enthousiasme une abondance illimitée.
265. La richesse est une expression positive de l'énergie divine.
266. Je me sens profondément satisfait de mon solde bancaire.
267. Je suis un aimant pour la prospérité et l'abondance.
268. Je possède toutes les capacités dont j'ai besoin pour réussir.
269. La richesse se déverse dans ma vie.
270. Toutes mes factures sont entièrement payées chaque mois et il me reste plus qu'assez d'argent.
271. Je vis maintenant dans un univers riche et aimant.
272. Le succès me suit partout où je vais.
273. Je peux me permettre d'acheter la voiture de mes rêves.
274. Je suis entièrement soutenu par l'Univers pour gagner de l'argent en faisant ce que j'aime faire.
275. Je donne généreusement et cela me revient généreusement.
276. La prospérité est mienne et je choisis de la vivre.
277. Je suis très fier de mes réalisations.

278. Je trouve qu'il est facile de me fixer des objectifs financiers et de les atteindre.
279. Mon solde bancaire augmente chaque jour et j'ai toujours assez d'argent.
280. Je dirige une entreprise très prospère.
281. Je suis un excellent donneur et un excellent récepteur d'argent.
282. Je suis une personne qui vit dans l'abondance.
283. Chaque jour est un jour de prospérité et d'abondance.
284. Ma prospérité fait prospérer les autres.
285. Je respire la richesse et la prospérité.
286. Je ne fixe aucune limite à la quantité d'argent que je peux gagner.
287. Je me considère comme riche, et c'est ce que je suis.
288. Je réussis facilement à attirer le succès dans ma vie.
289. Il y a de la prospérité en moi et autour de moi.
290. L'argent m'aide à avoir une belle vie.
291. Je suis ouvert pour recevoir de l'argent et pour réussir.
292. J'attire des personnes talentueuses et travailleuses pour développer mon entreprise.
293. Je suis raisonnable avec l'argent et je le gère avec sagesse.
294. Aujourd'hui, je prends davantage conscience de l'abondance autour de moi

295. Chaque jour, de toutes les manières, mon abondance financière augmente.
296. La sécurité financière m'apporte joie et bonheur.
297. J'ai tout ce dont j'ai besoin en ce moment pour accomplir tout ce que je veux.
298. J'ai une attitude positive concernant l'argent
299. Je travaille avec des collègues qui partagent mes idées.
300. Mon entreprise est conçue pour connaître un succès et une croissance énormes.
301. L'abondance passe par moi.
302. Ma vie est pleine de richesses et de luxe.
303. L'univers entier conspire pour me rendre toujours plus riche !
304. Je suis un aimant à argent.
305. L'Univers est LE pourvoyeur constant d'argent pour moi et j'ai toujours assez d'argent pour satisfaire mes besoins.
306. J'aime gagner de l'argent à la loterie.
307. Je vis dans l'abondance et la joie.
308. Plus je reçois d'abondance, plus je partage avec les autres.
309. Je suis reconnaissant d'être riche et de réussir.
310. Je suis toujours récompensé pour l'excellent travail que je fais.
311. Mes finances s'améliorent au-delà de mes rêves.

312. Je trouve qu'il est facile d'attirer l'argent dans ma vie.
313. Je vis dans une abondance luxuriante illimitée.
314. Je possède une abondance de créativité.
315. Je ne pense qu'à la richesse et à l'abondance.
316. Plus je suis reconnaissant, plus je trouve des raisons de l'être.
317. Je me sens inspiré pour gagner de l'argent chaque jour.
318. Beaucoup d'argent me parvient aujourd'hui, et je le mérite.
319. Mon entreprise attire des dizaines de clients chaque jour.
320. Mon esprit est en harmonie avec les énergies qui créent la richesse et l'abondance.
321. Mon compte bancaire déborde d'argent !
322. Je manifeste l'abondance grâce à mes dons et mes talents uniques.
323. Je me sens en sécurité, sachant que je peux me permettre ce que je veux.
324. Je sais que l'argent est essentiel pour mener une belle vie mais que je ne dois pas en faire la priorité numéro un.
325. Mon entreprise se renforce chaque jour.
326. Chaque jour, de toutes les façons, je deviens de plus en plus prospère

327. L'argent est la racine de la joie et du confort dans ma vie.
328. Ma prospérité contribue à la prospérité des autres.
329. Plus je vis dans l'abondance, plus je reçois d'abondance.
330. Je suis un entrepreneur-né.
331. Je dissous toutes les fausses croyances en moi sur la richesse.
332. J'ai tout ce qu'il faut pour être un homme d'affaires prospère.
333. L'argent est une énergie et il circule librement à travers moi maintenant.
334. L'argent coule vers moi et le l'accueille avec joie.
335. L'argent me vient maintenant de sources inattendues et j'en suis reconnaissant.
336. Je contribue à la vie des autres grâce aux produits fantastiques que je propose.
337. L'argent me facilite la vie.
338. J'accepte facilement, ouvertement et librement l'abondance, à chaque instant !
339. Aujourd'hui, j'ouvre mes portes à une prospérité abondante.
340. Toute résistance en moi à recevoir plus de richesses est totalement dissoute par la grâce divine.

341. J'attire magnétiquement beaucoup d'argent, de façon harmonieuse.
342. Je crois que l'argent est une idée merveilleuse.
343. Ma vie est prospère.
344. Attirer l'argent est amusant et j'aime l'excitation que cela me procure.
345. J'ai l'esprit millionnaire.
346. Il est normal que j'aie tout ce que mon cœur désire.
347. Je mérite l'abondance, quoi qu'il arrive.
348. Je suis un aimant qui attire toutes les bonnes choses dans ma vie.
349. Les richesses de toutes sortes sont attirées par moi.
350. Je suis un aimant à argent puissant et constant.
351. Tous mes rêves se réalisent aujourd'hui.
352. Je suis prospère dans tout ce que je fais.
353. Je suis reconnaissant de ma capacité à créer une vie abondante pour moi et ma famille.
354. J'ai tout ce dont j'ai besoin pour atteindre tous mes objectifs.
355. Mon entreprise à domicile se renforce chaque jour.
356. Je suis dans un état d'accomplissement, j'ai de l'amour et de la joie en abondance dans ma vie et je suis libre de faire tout ce que je veux.
357. Je saisis toutes les opportunités qui se présentent à moi.

358. L'argent circule toujours librement et sans limite dans ma vie.
359. J'ai toujours plus d'argent qui entre sur mon compte en banque qu'il n'en sort.
360. Grâce à mon pouvoir d'intention, j'attire sans effort toutes les richesses que je désire et dont j'ai besoin.
361. Je gère mon entreprise avec confiance.
362. J'obtiens toujours des résultats exceptionnels dans mon travail.
363. Mon succès est assuré.
364. Je mérite tout le bien dans ma vie et cela inclut la prospérité.
365. Je libère toutes mes croyances négatives sur l'argent et j'invite la richesse dans ma vie.
366. Je suis un exemple de réussite et de succès total.
367. L'enfant qui est en moi est riche et abondant.
368. L'argent que je dépense enrichit le monde et me revient multiplié.
369. Je suis libre de toutes dettes.
370. J'abandonne toute résistance à l'argent.
371. Je me sens bien avec l'argent car je sais que je le mérite.
372. J'utilise l'argent pour améliorer ma vie et celle des autres.
373. Je suis le riche héritier d'un univers aimant.

374. Il y a toujours assez de tout ce que je désire.
375. L'argent et moi sommes amis et alliés.
376. J'attire facilement dans ma vie toutes les richesses que je désire.
377. Mes possibilités financières sont infinies.
378. Gagner de l'argent est bon pour moi et pour tous ceux qui font partie de ma vie.
379. La richesse flotte en permanence autour de moi.
380. Je peux me permettre de faire des achats dans les endroits les plus chers.
381. Je libère chaque blocage qui m'a jusqu'à présent empêché de recevoir la prospérité.
382. Je m'attends à une abondance somptueuse chaque jour, de toutes les façons possibles.
383. Je suis riche en ce moment même.
384. J'ai confiance en moi et je réussis.
385. Tout ce dont j'ai besoin me vient facilement et sans effort.
386. Ma vie est remplie de richesses.
387. Il est si facile de s'ouvrir à la prospérité !
388. Je mérite l'abondance qui m'arrive à présent.
389. Je crée de l'argent par la joie, la vitalité et l'amour de moi.
390. Des miracles financiers se manifestent chaque jour dans ma vie.

391. Mon bien coule maintenant vers moi en un fleuve de succès, de bonheur et d'abondance.
392. J'ai toujours tout ce dont j'ai besoin. L'Univers prend bien soin de moi.
393. Je crois en ma capacité à réussir et à prospérer.
394. Tous mes blocages pour recevoir de l'argent sont maintenant levés.
395. L'argent me parvient facilement.
396. Je suis en sécurité, tous mes besoins sont satisfaits.
397. Si les autres peuvent être riches, moi aussi.
398. Je suis reconnaissant pour mon succès actuel et futur.
399. Je manifeste ma richesse facilement et rapidement.
400. Je crois qu'il y a assez d'argent pour tout le monde.
401. C'est un sentiment merveilleux de savoir que je suis financièrement libre pour toujours.
402. Je suis toujours là où je dois être pour attirer l'argent.
403. La richesse et le succès sont pour moi des résultats naturels.
404. J'ai le meilleur emploi du monde.
405. J'ai la volonté de réussir.
406. Je suis à l'aise avec mes sentiments envers l'argent.
407. Seules de belles opportunités s'offrent à moi.
408. Se sentir joyeux attire l'abondance et je me sens très joyeux !

409. Un flux constant d'argent me vient de sources connues et inconnues !
410. Être millionnaire est amusant et excitant.
411. Le succès et la croissance sont les résultats inévitables de mon travail.
412. Dieu me fait prospérer maintenant.
413. Je respecte l'argent.
414. Je reçois de l'argent maintenant.
415. Chaque jour, de toutes les façons, ma richesse augmente.
416. Gagner de l'argent est très simple pour moi.
417. Je génère d'importants revenus passifs.
418. Je célèbre ma réussite et je sais que je vais avoir de plus en plus de succès chaque jour.
419. Mon portefeuille déborde et mes coffres sont pleins.
420. Chaque jour, ma prospérité financière s'accroît.
421. Je libère toute énergie négative sur l'argent.
422. J'aime donner et j'aime recevoir.
423. Mes capacités à gagner de l'argent sont illimitées.
424. Mon esprit attire continuellement l'argent dans ma vie.
425. Je vois clairement des possibilités de gagner de l'argent sans effort.
426. Richesse est mon deuxième nom.

427. J'ai confiance dans le fait que l'univers répond toujours à mes besoins.
428. Je suis en mesure de réaliser des gains fantastiques en travaillant à domicile.
429. La prospérité coule vers moi à tout moment, de toutes les manières.
430. Je suis profondément comblé par ce que je fais.
431. Je suis destiné à être prospère et à partager mes richesses.
432. Atteindre la richesse est sain et naturel.
433. Mon solde bancaire est de plus en plus élevé.
434. La liberté financière me procure un sentiment de satisfaction et de sécurité.
435. J'ai toujours une réserve d'argent illimitée.
436. La prospérité m'entoure, me remplit et coule à travers moi.
437. Les compliments sont des cadeaux de prospérité et je les accepte gracieusement !
438. Il y a une abondance d'argent qui coule dans mon univers.
439. Je suis en paix avec la richesse et l'abondance.
440. Je suis un aimant à euros et la prospérité est attirée par moi.
441. La richesse afflue constamment dans ma vie.
442. J'atteins toujours mes objectifs financiers.

443. Je dépasse les obstacles et je sais que l'abondance est à moi.
444. La prospérité est à moi, maintenant.
445. Je crois que j'ai le droit d'être riche.
446. J'aime pouvoir dépenser de l'argent pour les choses que j'aime.
447. Je reçois de l'argent avec joie - maintenant !
448. J'attire sans effort tout ce dont j'ai besoin pour développer mon entreprise avec succès.
449. Je mérite de m'enrichir et de prospérer.
450. L'abondance financière est mienne.
451. J'ai de la créativité et de l'énergie en abondance.
452. J'ai toujours de la chance et j'en suis très reconnaissant.
453. J'attire l'argent partout où je vais.
454. J'accueille de nouvelles sources de revenus.
455. Je gagne de l'argent facilement.
456. Je suis le maître de la richesse dans mon univers.
457. Je me concentre chaque jour sur mes objectifs financiers.
458. Je me donne la permission de profiter de l'argent.
459. L'argent me vient de sources attendues et inattendues, toujours en abondance.
460. Aujourd'hui va être une journée joyeuse et abondante.

461. Je suis équilibré et j'ai confiance en l'argent.
462. Mon esprit est un puissant aimant pour les idées rentables.
463. Mes richesses augmentent sans cesse à mesure que je donne plus de moi-même.
464. Je suis un aimant pour l'argent, le succès, l'abondance et la prospérité.
465. L'argent me tombe dessus quoi que je fasse, tout simplement.
466. Je suis prêt à accepter pleinement l'argent dans ma vie.
467. J'ai un esprit de richesse.
468. Je vis dans un univers abondant qui me fournit constamment tout ce dont j'ai besoin.
469. L'argent circule en abondance dans ma vie !
470. Je laisse l'univers me bénir de façon surprenante et joyeuse.
471. Je reçois chaque semaine des sommes importantes sur mon compte bancaire.
472. Tout va bien dans mon monde financier.
473. Le monde est bon et il n'y a pas de limites à ce que je peux faire.
474. J'ai une attitude positive envers la richesse.
475. Mon cœur reconnaissant est un aimant puissant pour toutes les bonnes choses de la vie.

476. Je peux me permettre de collectionner les voitures de luxe.
477. Je lâche toute résistance à la prospérité et elle me vient naturellement.
478. Mon argent est une énergie qui attend mon ordre pour créer du bien dans ma vie.
479. Je mène une vie abondante et heureuse.
480. Ma richesse découle de l'honnêteté que je mets dans tout ce que je fais.
481. Je peux me permettre d'acheter tous les articles de luxe que je souhaite.
482. Mon argent me fait gagner encore plus d'argent.
483. Je suis un aimant naturel pour la prospérité.
484. Je choisis de vivre une vie abondante.
485. L'argent circule toujours librement dans ma vie et il y a toujours un excédent.
486. Ma vie déborde de succès et d'abondance.
487. L'argent a un impact positif dans ma vie.
488. Je suis heureux de voir que toutes mes factures sont payées maintenant.
489. Ma maison possède tout le luxe nécessaire.
490. Je suis maître de mon succès.
491. L'argent vient maintenant à moi en abondance de façon parfaite.
492. La créativité s'exprime avec abondance à travers moi.

493. Je suis en train de devenir millionnaire, chaque jour un peu plus.
494. Ma vie est bien remplie de tout ce que je désire.
495. Je crois en ma capacité à gagner beaucoup d'argent.
496. Je suis ouvert et disposé à recevoir la richesse sous toutes ses formes.
497. Chaque jour, je profite de plus de richesses.
498. Je suis capable de manifester de l'argent quand j'en ai besoin.
499. J'ai accès à tout l'argent que m'offre l'univers.
500. J'attire chaque jour des dizaines de clients.

www.ingramcontent.com/pod-product-compliance
Lightning Source LLC
Chambersburg PA
CBHW050306220526
45465CB00002B/843